D1701685

Dieses Buch ist für

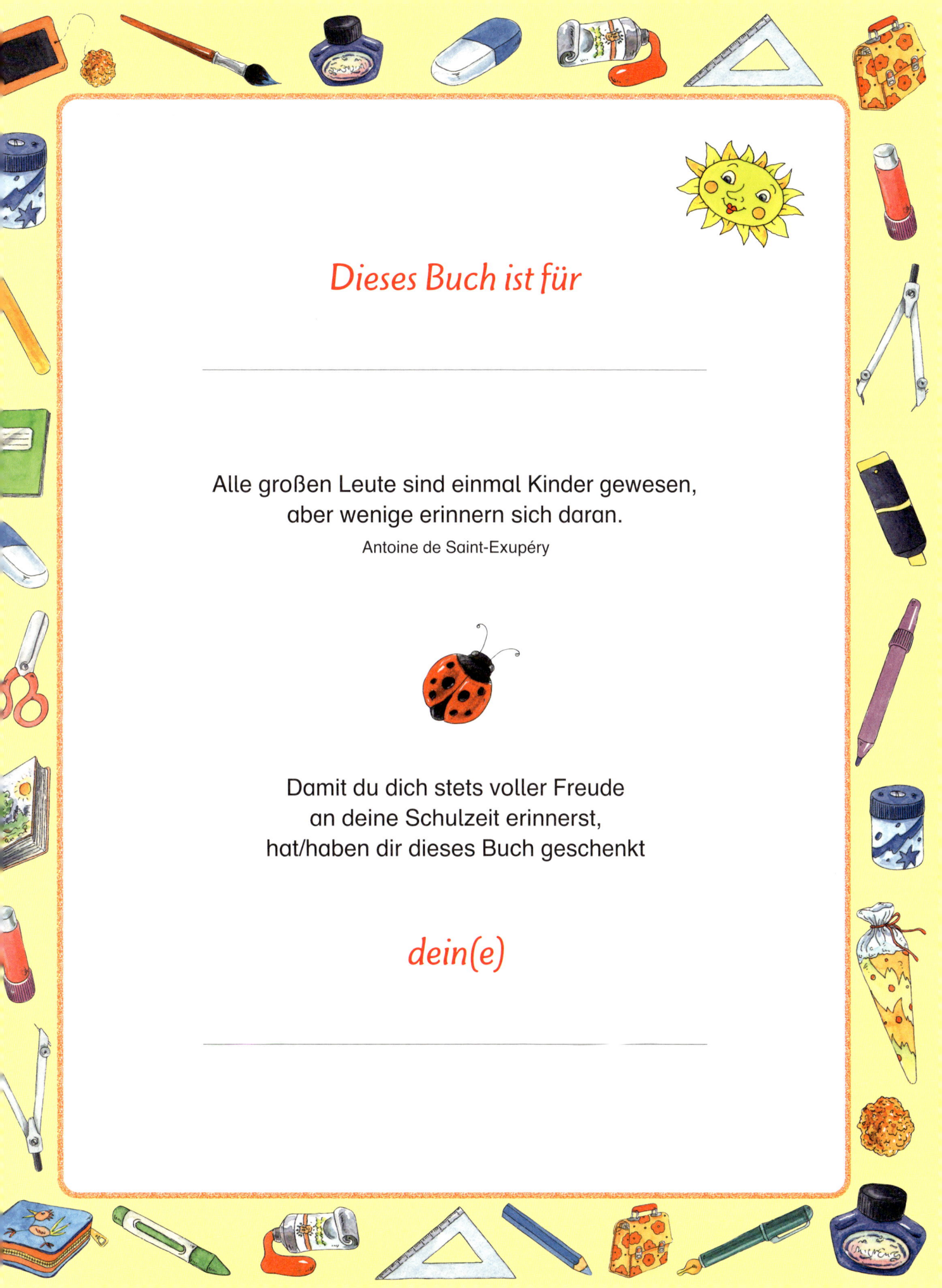

_____

Alle großen Leute sind einmal Kinder gewesen,
aber wenige erinnern sich daran.

Antoine de Saint-Exupéry

Damit du dich stets voller Freude
an deine Schulzeit erinnerst,
hat/haben dir dieses Buch geschenkt

dein(e)

_____

Mein erstes Jahr in der Schule

GONDROM

© Gondrom Verlag GmbH, Bindlach 2006

Texte: Bernd Brucker
Illustrationen: Bert K. Roerer
Produktion: Medienagentur Drews, Augsburg
Covergestaltung: Uschi Neubauer

Alle Rechte vorbehalten:
Kein Teil dieses Werkes darf ohne schriftliche Einwilligung des Verlages in irgendeiner Form (Fotokopie, Mikrofilm oder ein anderes Verfahren) reproduziert oder unter Verwendung elektronischer Systeme verarbeitet, vervielfältigt oder verbreitet werden.

017

ISBN-10: 3-8112-2734-3
ISBN-13: 978-3-8112-2734-7

5 4 3 2 1

www.gondrom-verlag.de

Inhalt

Der Ernst des Lebens beginnt	6
Mein erster Schultag	7
Meine Klasse	10
Alles, was ich in der Schule brauche	12
Mein Stundenplan	15
Mein erster Buchstabe	16
1, 2, 3 – bunter Zahlensalat	17
Unser erster Wandertag	18
Heute habe ich ein dickes Lob erhalten	20
Pausen müssen sein	21
Meine erste Bildergeschichte	22
Herbst	24
Winter	30
Frühling	40
Sommer	46
Ich habe viel gelernt	50
Mein Zeugnis	57
Endlich Sommerferien	58
Meine beste Schulfreundin, mein bester Schulfreund	60
Meine Familie	62
Gute Wünsche von lieben Menschen	64

Der Ernst des Lebens beginnt

Noch haben, später geht's geschwinder,
ja noch viel Zeit die kleinen Kinder.
Wie ist ein solcher Tag noch lang
von Sonnenauf- bis -untergang!
Denn Zeit beginnt ja erst zu eilen,
zwingt uns die Pflicht, sie einzuteilen.
Dem Kind, das glücklich doch im Grunde,
schlägt, nach dem Sprichwort, keine Stunde,
als die, wo's heißt: „Für heut' ist Schluss!"
und wo es schlafen gehen muss.
Doch schau, schon steht dem Zeitverschwender
der erste Schultag im Kalender!

Eugen Roth

Mein erster Schultag

[Foto mit Schultüte]

Mein erster Schultag war der: _____

Das Wetter an diesem Tag war: _____
_____

Zur Schule gebracht hat/haben mich: _____
_____

Meine Schule ist die: _____
_____

Ich gehe jetzt in die Klasse: 1 _____

Meine Lehrerin/mein Lehrer heißt: _____
_____

Unsere Schulleiterin/unser Schulleiter heißt:
_____

So viele Mitschüler sind in meiner Klasse: _____

Und das war in meiner Schultüte: _____

_____

_____

_____

_____

Meine Klasse

[Klassenfoto]

Die Kinder in meiner Klasse heißen (von links nach rechts):

_____
_____
_____
_____
_____

Meine Banknachbarn heißen: _____
_____

Das ist unser Klassenzimmer:

[Fotos von deinem Klassenzimmer]

Alles, was ich in der Schule brauche

[Hier kannst du das Informationsblatt zu den benötigten Unterrichtsmaterialien einkleben]

Meine Schulbücher

So heißen meine Schulbücher: _____

_____

_____

_____

_____

_____

_____

Die Personen und Tiere in meiner Fibel: _____

_____

_____

_____

Meine erste Hausaufgabe

Meine erste Hausaufgabe ist: _____

_____

_____

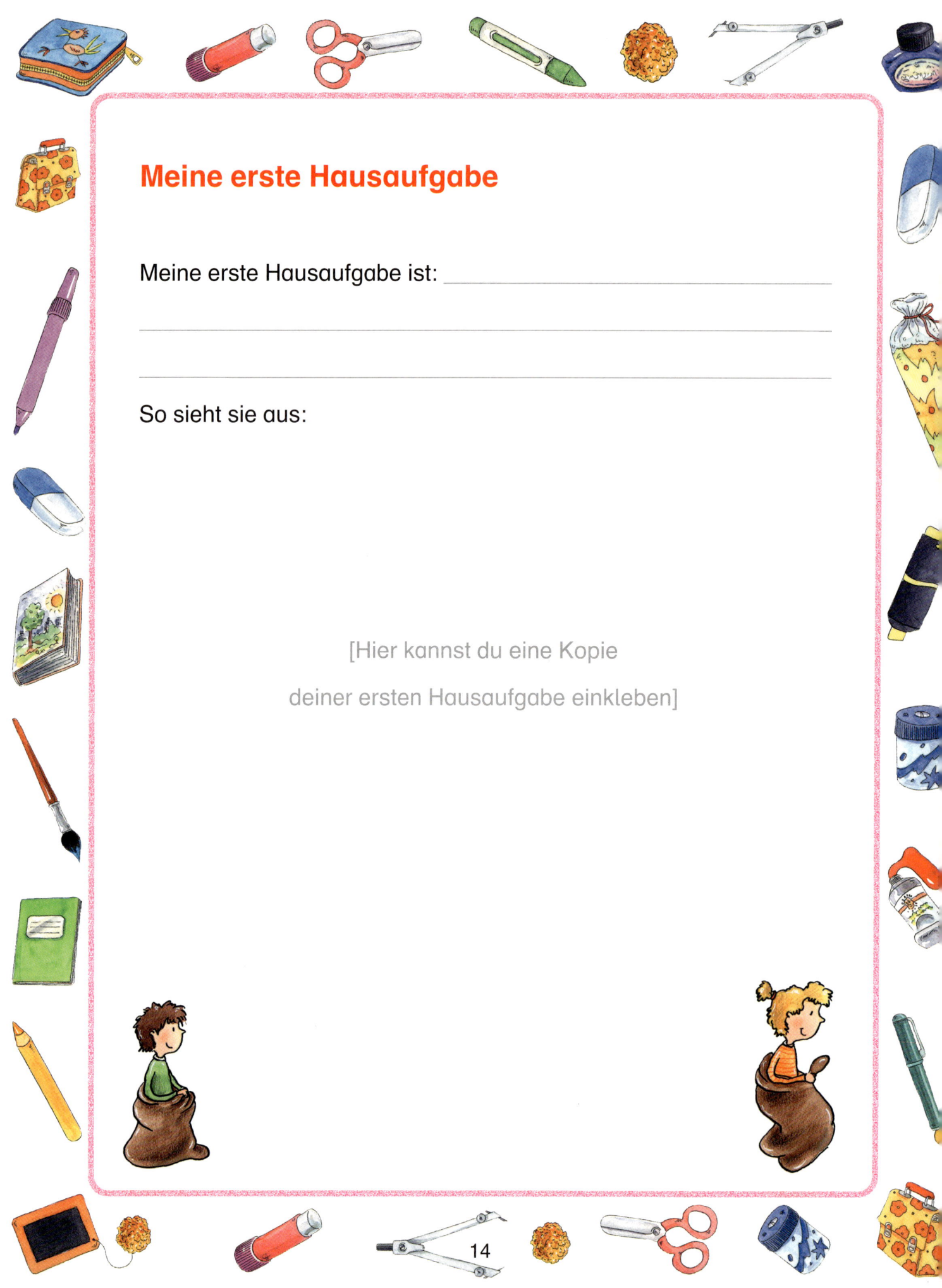

So sieht sie aus:

[Hier kannst du eine Kopie deiner ersten Hausaufgabe einkleben]

Mein Stundenplan

Zeit	Montag	Dienstag	Mittwoch	Donnerstag	Freitag	Samstag

Mein erster Buchstabe

Ela Elefant

In dem fernen, fremden Land
Wum Bu Di Wum Bu Di Wu,
da wohnt Ela Elefant,
Wum Bu Di Wum Bu Di Wu.
Steigt ins Wasser wie ein Fass,
Wum Bu Di Wum Bu Di Wu
spritzt alle Elefanten nass,
Wum Bu Di Wum Bu Di Wu.

Diese Buchstaben kenne ich auch schon!

1, 2, 3 – bunter Zahlensalat

Eins, zwei, drei …
Eins, zwei, drei, vier, fünf, sechs, sieben,
in der Schule wird geschrieben.
In der Schule wird gelacht,
wenn der Lehrer Witze macht.

Ich kenne schon ganz viele Zahlen!

Unser erster Wandertag

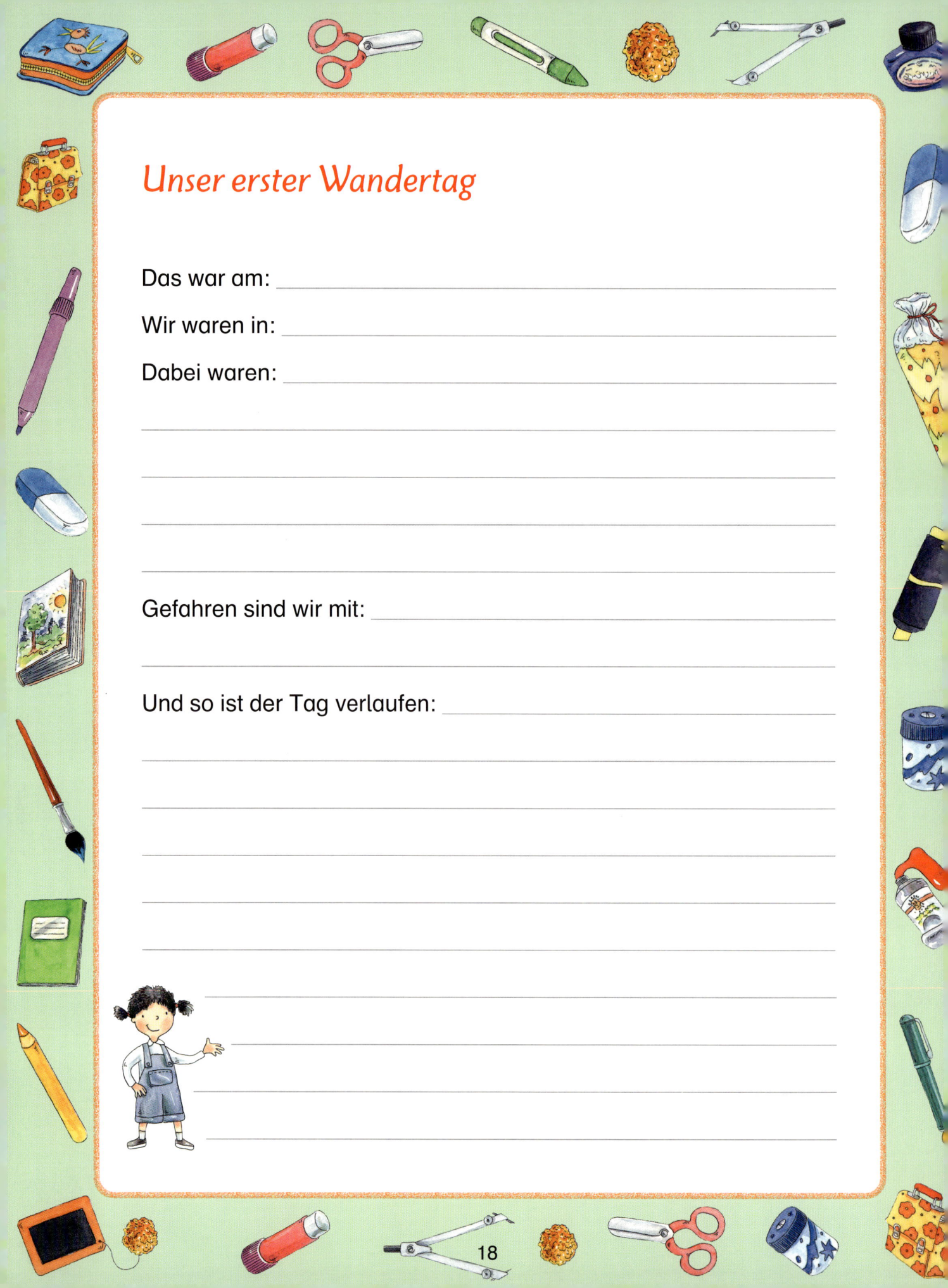

Das war am: _____

Wir waren in: _____

Dabei waren: _____

_____

_____

_____

Gefahren sind wir mit: _____

_____

Und so ist der Tag verlaufen: _____

_____

_____

_____

_____

_____

_____

[Foto von deinem Wandertag]

*Heute habe ich
ein dickes Lob erhalten*

Als Belohnung gab es: _____

_____

_____

[Hier kannst du Fleißbildchen oder

Aufkleber einkleben.]

Eintrag meiner Lehrerin oder meines Lehrers: _____

_____

_____

_____

Pausen müssen sein

Das ist unser Pausenhof:

[Foto vom Pausenhof]

Und das mache ich während der Pause: _____

_____

Am liebsten spiele ich: _____

_____

Am liebsten esse ich: _____

_____

Meine Lieblingsgetränke sind: _____

_____

Meine erste Bildergeschichte

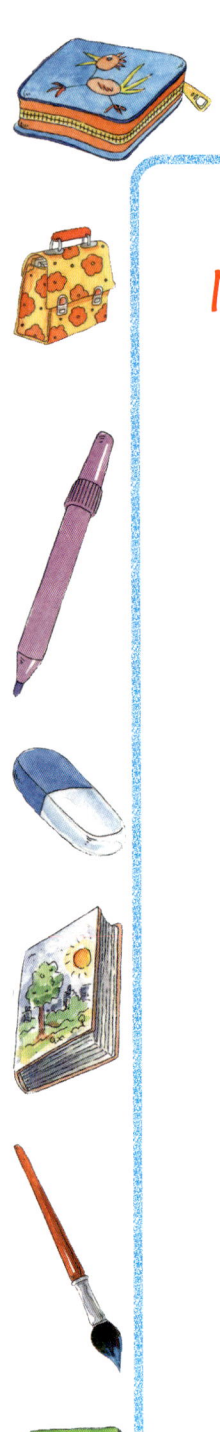

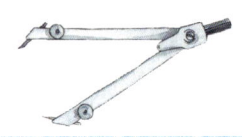

[Hier kannst du eine Kopie

der ersten Bildergeschichte einkleben]

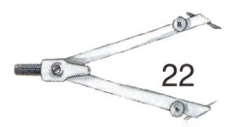

Die Personen heißen: _____

_____

_____

Das kann man noch auf den Bildern sehen: _____

_____

_____

Das passiert alles: _____

_____

_____

_____

_____

Und so geht die Geschichte aus: _____

_____

_____

_____

_____

Herbst

Der Wald wird immer kunterbunter,
Laub fällt von den Bäumen runter.
Äpfel, Birnen gibt's in Massen.
Man kann Drachen steigen lassen.
Jetzt gibt es für jeden was,
denn der Herbst bringt ganz viel Spaß!

Das haben wir im Herbst gelernt: _____

_____

_____

Bäume, die ihre Blätter verlieren: _____

_____

Bäume, die ihre Blätter behalten: _____

_____

Diese Obstsorten kenne ich: _____

_____

_____

**Welcher Baum
trägt solche Blätter?**

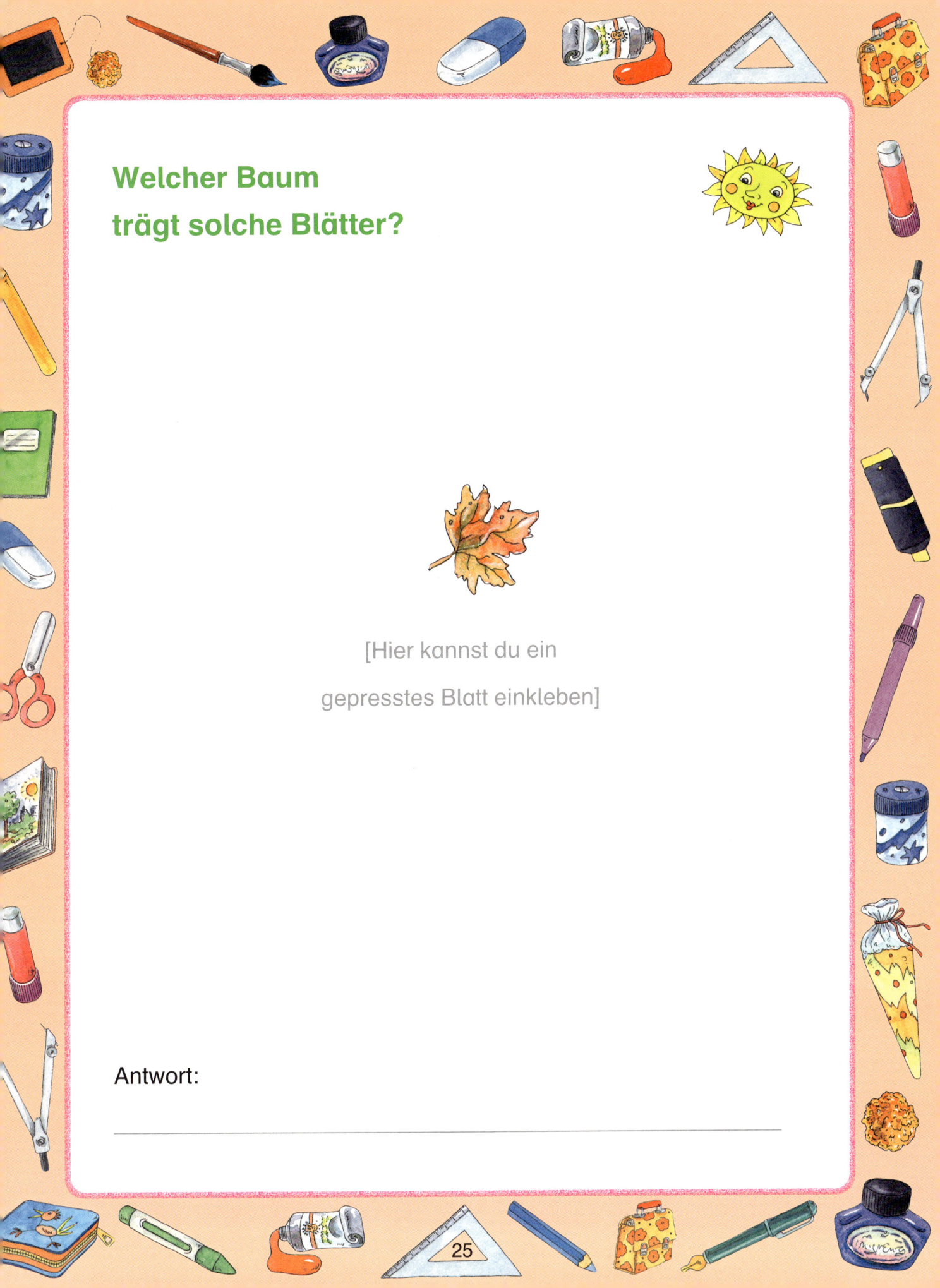

[Hier kannst du ein gepresstes Blatt einkleben]

Antwort:

Feiertage im Herbst

Das haben wir alles gemacht:

Mein schönstes Erlebnis in der Schule:

Das spiele ich am liebsten mit meinen Freunden:

Schon Herbstferien – das ging aber schnell!

Das habe ich in den Herbstferien gemacht: _____

_____

_____

_____

[Fotos]

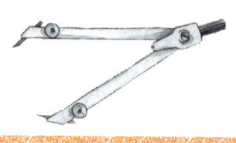

Sankt Martin

Sankt Martin, Sankt Martin, Sankt Martin ritt durch Schnee und Wind, sein Ross, das trug ihn fort geschwind. Sankt Martin ritt mit leichtem Mut, sein Mantel deckt ihn warm und gut.

Im Schnee saß, im Schnee saß,
im Schnee, da saß ein alter Mann,
hat Kleider nicht, hat Lumpen an.
„O helft mir doch in meiner Not,
sonst ist der bittre Frost mein Tod!"

Sankt Martin, Sankt Martin,
Sankt Martin zog die Zügel an,
sein Ross stand still beim armen Mann.
Sankt Martin mit dem Schwerte teilt'
den warmen Mantel unverweilt.

Sankt Martin, Sankt Martin,
Sankt Martin gab den halben still:
Der Bettler rasch ihm danken will
Sankt Martin aber ritt in Eil'
hinweg mit seinem Mantelteil.

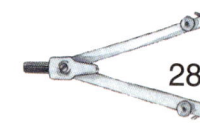

Unser Martinsumzug war am: _____

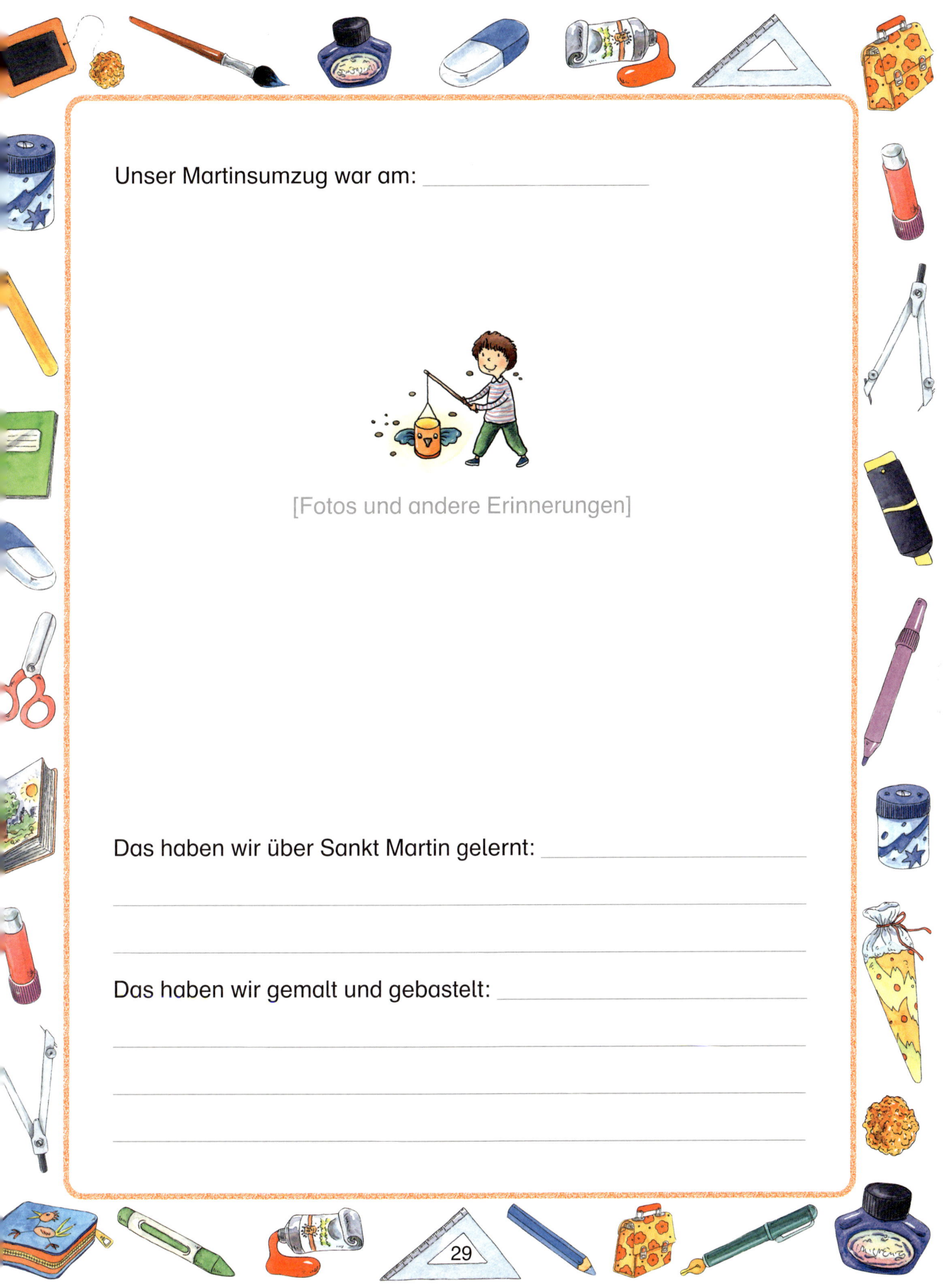

[Fotos und andere Erinnerungen]

Das haben wir über Sankt Martin gelernt: _____
_____
_____

Das haben wir gemalt und gebastelt: _____
_____
_____
_____

Winter

Schnee-flöck-chen, Weiß-röck-chen, wann kommst du ge-schneit? Du wohnst in den Wol-ken, dein Weg ist so weit.

Komm, setz dich ans Fenster,
du lieblicher Stern,
malst Blumen und Blätter,
wir haben dich gern.

Schneeflöckchen, du deckst uns
die Blümelein zu,
dann schlafen sie sicher
in himmlischer Ruh.

Schneeflöckchen, Weißröckchen,
komm zu uns ins Tal,
dann baun wir den Schneemann
und werfen den Ball.

Das haben wir im Winter gelernt: _____

_____

_____

_____

Tiere, die Winterschlaf halten: _____

_____

_____

Tiere, die keinen Winterschlaf halten: _____

_____

_____

Vögel, die bei uns bleiben: _____

_____

_____

Vögel, die in den Süden ziehen: _____

_____

_____

Feiertage im Winter

Das haben wir alles gemacht:

Mein schönstes Erlebnis in der Schule:

Das esse ich im Winter am liebsten:

Lied im Advent

Immer ein Lichtlein mehr
im Kranz, den wir gewunden,
dass er leuchte uns so sehr
durch die dunklen Stunden.

Zwei und drei und dann vier!
Rund um den Kranz welch ein Schimmer,
und so leuchten auch wir
und so leuchtet das Zimmer.

Und so leuchtet die Welt
langsam der Weihnacht entgegen.
Und der in Händen sie hält,
weiß um den Segen!

Matthias Claudius

Das haben wir im Advent gemacht: _____

So haben wir unser Klassenzimmer geschmückt: _____

Ich durfte ein Türchen des Adventskalenders öffnen am: _____

Und das habe ich gefunden: _____

Heute war der Nikolaus in unserer Schule

Lieber, guter Nikolaus
komm doch mal in unser Haus!
Hab' schon sehr an dich gedacht.
Hast du mir was mitgebracht?

Das haben wir über den Nikolaus gelernt: _____

_____

_____

_____

Und das hat er mir gebracht: _____

_____

_____

_____

Weihnachten

Denkt euch, ich habe das Christkind gesehen

Denkt euch, ich habe das Christkind gesehen!
Es kam aus dem Walde, das Mützchen voll Schnee,
mit rotgefrorenem Näschen.

Die kleinen Hände taten ihm weh,
denn es trug einen Sack, der war gar schwer,
schleppte und polterte hinter ihm her.

Was drin war, möchtet ihr wissen?
Ihr Naseweise, ihr Schelmenpack –
denkt ihr, er wäre offen, der Sack?

Zugebunden bis oben hin!
Doch war gewiss etwas Schönes drin!
Es roch so nach Äpfeln und Nüssen!

Anna Ritter

Leise rieselt der Schnee

Lei - se rie - selt der Schnee,___ still und starr ruht der See,___
Weih - nacht - lich glän - zet der Wald:___ Freu - e dich, Christ - kind kommt bald!___

In den Herzen ist's warm,
still schweigt Kummer und Harm.
Sorge des Lebens verhallt:
Freue dich, Christkind kommt bald!

Bald ist Heilige Nacht.
Chor der Engel erwacht,
hört nur wie lieblich es schallt:
Freue dich, Christkind kommt bald!

Deshalb feiern wir Weihnachten: _____
_____
_____
_____
_____

Weihnachtsferien – das wurde aber auch Zeit

Das habe ich in den Weihnachtsferien gemacht: _____
_____
_____

[Fotos]

Das waren meine Weihnachtsgeschenke: _____
_____
_____

Das habe ich verschenkt: _____
_____
_____

Ich kenne jetzt schon ganz viele Buchstaben

Das halbe Schuljahr ist nun vorbei, und ich habe schon eine Menge gelernt.

Mi, Ma, Mutsch,
die Maus ist leider futsch.
Verkrochen hat sich dieses Biest,
sodass die Mimi traurig ist.
Mi Ma Mutsch,
die Maus ist leider futsch.

Mi, Mu, Ma,
die Maus ist wieder da.
Sie hat sich nur im Schrank verkrochen,
und die Katz hat's nicht gerochen.
Mi, Mu, Ma,
die Maus ist wieder da.

Diese Buchstaben kann ich jetzt schon lesen und schreiben:
_____
_____
_____

Meine ersten Wörter: _____
_____
_____

Fasching in der Schule

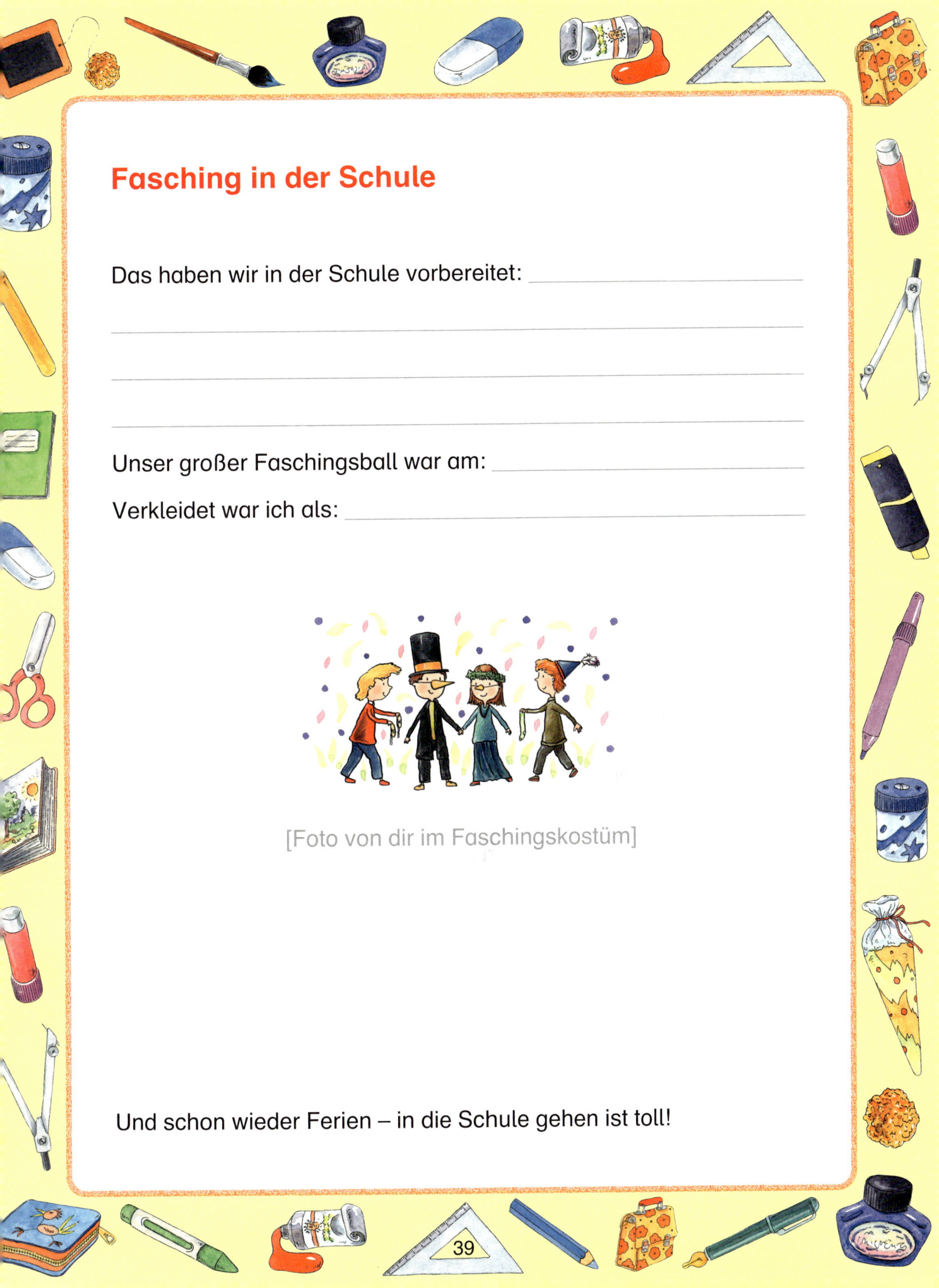

Das haben wir in der Schule vorbereitet: _____

_____

_____

Unser großer Faschingsball war am: _____

Verkleidet war ich als: _____

[Foto von dir im Faschingskostüm]

Und schon wieder Ferien – in die Schule gehen ist toll!

Frühling

Im Märzen der Bauer die Rösslein einspannt; er setzt seine Felder und Wiesen instand. Er pflüget den Boden, er egget und sät und rührt seine Hände früh morgens bis spät.

Die Bäurin, die Mägde, sie dürfen nicht ruhn,
sie haben im Haus und im Garten zu tun;
sie graben und rechen und singen ein Lied
und freun sich, wenn alles schön grünet und blüht.

Und ist dann der Frühling und Sommer vorbei,
so füllet die Scheuer der Herbst wieder neu;
und ist voll die Scheuer, voll Keller und Haus,
dann gibt's auch im Winter manch fröhlichen Schmaus.

Die Natur erwacht

Hallo, ich bin da!
Ich bin's, die Sonne!
Fort ist das Dunkel, vorbei ist die Nacht –
ich hab dir den neuen Tag gebracht!
Steh auf und lauf hinaus in den Garten,
viel Schönes und Neues wird dich erwarten.

Diese Blumen gibt es bei uns: _____

_____

_____

Diese Schmetterlinge: _____

_____

Diese Käfer: _____

_____

Andere Insekten: _____

_____

Feiertage im Frühling: _____

_____

_____

Das haben wir noch über das Frühjahr gelernt: _____

_____

_____

Ostern

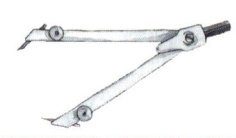

Unterm Baum im grünen Gras
sitzt ein kleiner Osterhas'.
Putzt den Bart und spitzt das Ohr,
macht ein Männchen, guckt hervor.
Springt dann fort mit einem Satz.
Und ein kleiner frecher Spatz
schaut jetzt nach, was denn dort sei.
Und was ist's? Ein Osterei!

Das haben wir bis Ostern gelernt: _____

_____

_____

_____

_____

_____

Osterferien

Das habe ich in den Osterferien gemacht: _____

_____

_____

_____

Und das habe ich in meinem Osternest gefunden: _____

_____

_____

Pfingsten

Ein Pfingstgedichtchen will heraus
ins Freie, ins Kühne.
So treibt es mich aus meinem Haus
ins Neue, ins Grüne.

Wenn sich der Himmel grau bezieht,
mich stört's nicht im Geringsten.
Wer meine weiße Hose sieht,
der merkt doch: Es ist Pfingsten.

Joachim Ringelnatz

Das haben wir bis Pfingsten gelernt: _____

Pfingstferien

Ich hatte schulfrei vom _____ bis zum _____

Und das habe ich erlebt: _____

_____

_____

_____

[Fotos]

Sommer

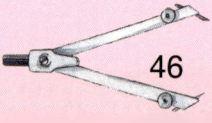

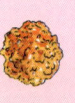

Tra, ri, ra, der Som-mer, der ist da! Wir wol-len in den Gar-ten und woll'n des Som-mers war-ten. Ja, ja, ja, der Som-mer, der ist da!

Trarira, der Sommer, der ist da!
wir wollen zu den Hecken
und woll'n den Sommer wecken.
Ja, ja, ja, der Sommer, der ist da!

Trarira, der Sommer, der ist da!
Der Sommer hat gewonnen,
der Winter hat verloren.
Ja, ja, ja, der Sommer, der ist da!

Das haben wir im Sommer gelernt: _____

_____

Diese Getreidesorten wachsen bei uns: _____

_____

Das kann man im Sommer alles machen: _____

_____

_____

_____

Mein schönstes Erlebnis in der Schule: _____

_____

_____

_____

_____

_____

Unser Sommerausflug

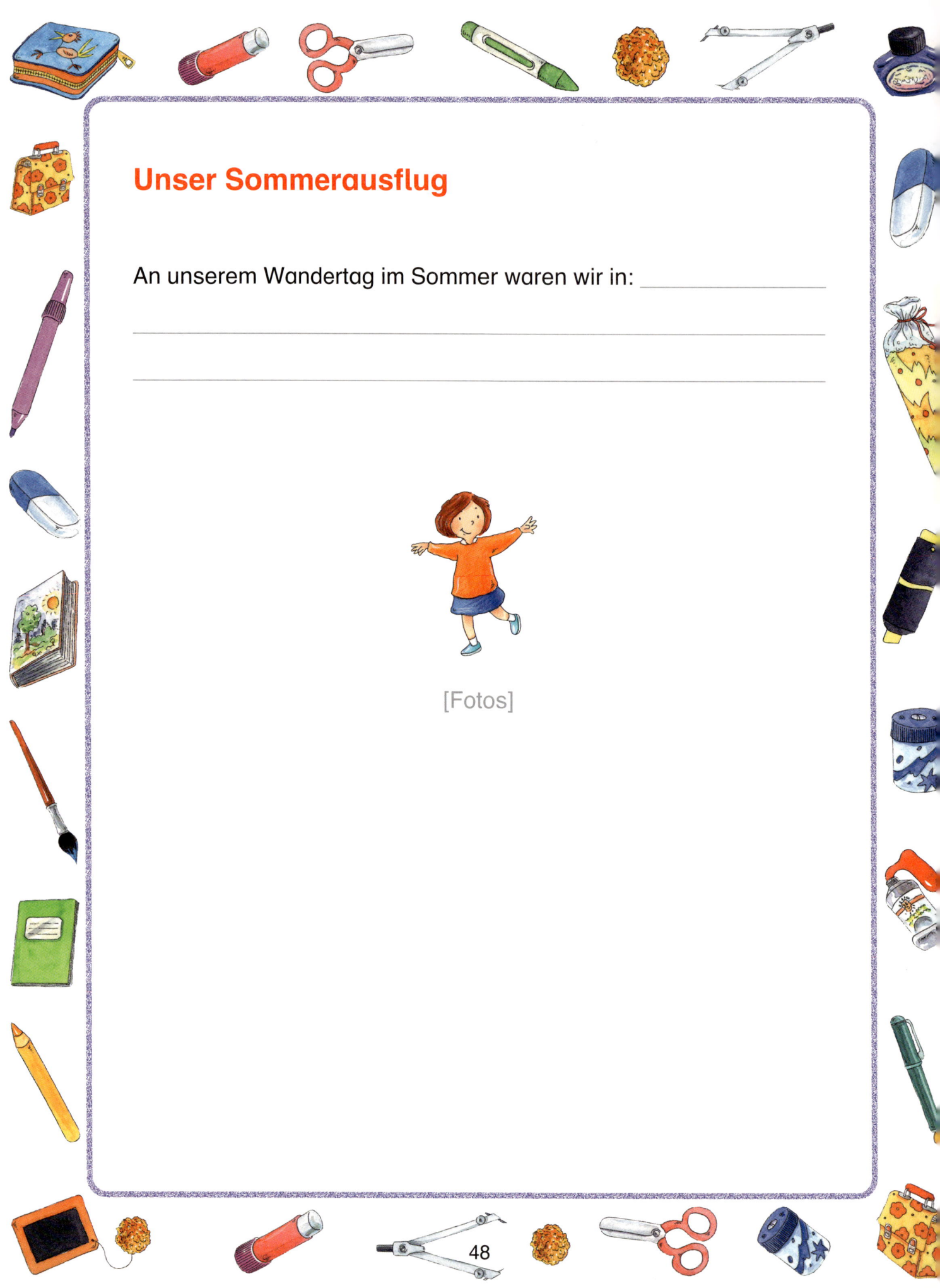

An unserem Wandertag im Sommer waren wir in: _____

_____

_____

[Fotos]

Die letzten Schultage

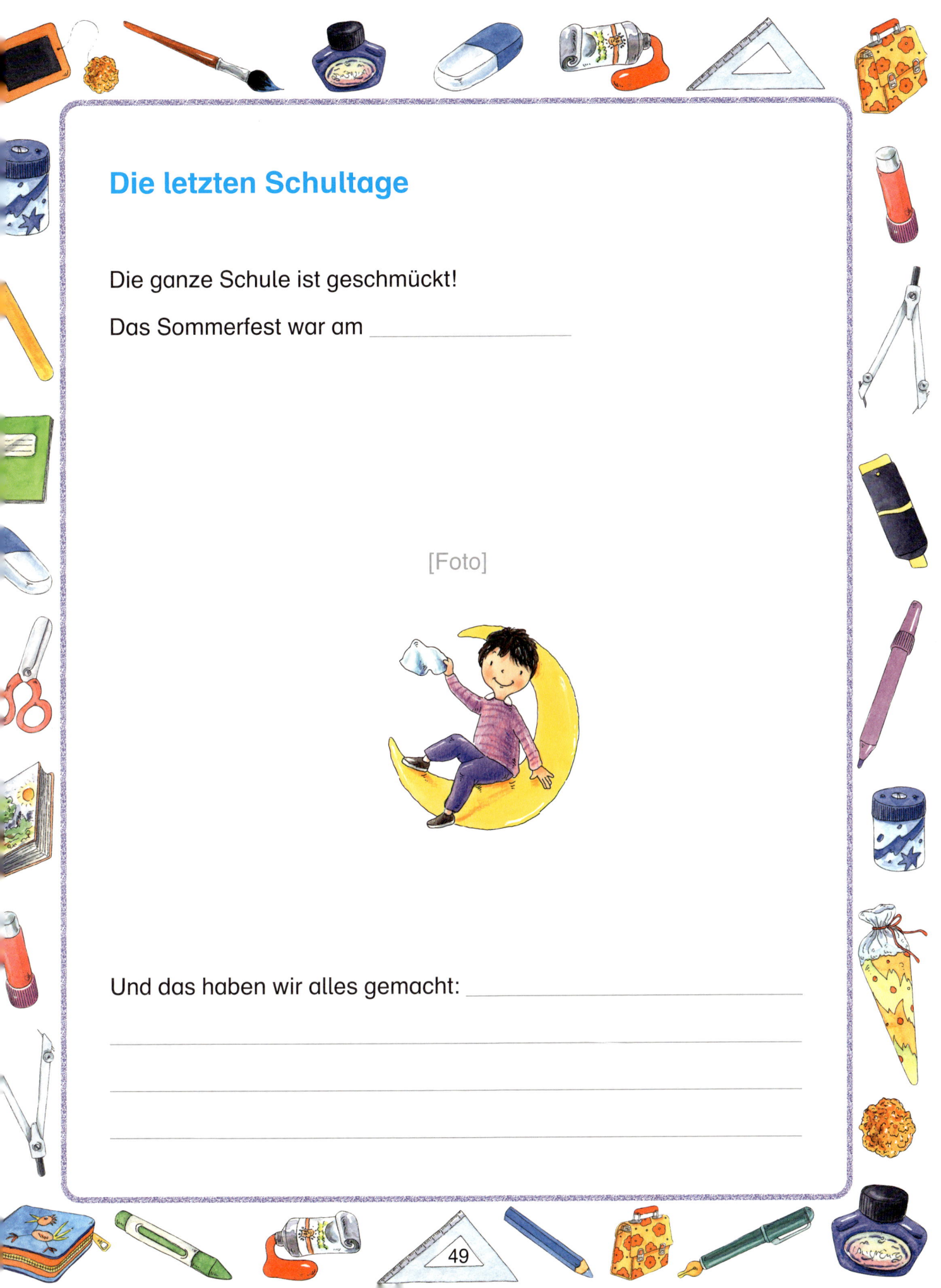

Die ganze Schule ist geschmückt!

Das Sommerfest war am _____

Und das haben wir alles gemacht: _____

_____

_____

Ich habe viel gelernt

Das erste Schuljahr ist vorbei,
und ich habe schon ganz viel gelernt!

Hurra, ich kann lesen

Meine Lieblingsgeschichten aus der Fibel: _____

_____

_____

Meine Lieblingsgeschichten und -gedichte aus dem Lesebuch:

_____

_____

_____

Im Rechnen bin ich auch gut

Ich kenne die Zahlen: _____

Die Rechenzeichen: _____

Eine schwierige Rechenaufgabe: _____

Und das habe ich noch gelernt: _____

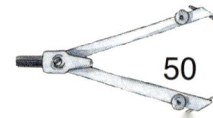

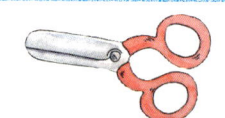

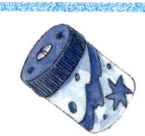

_____

_____

Ich kann alle Buchstaben in Schreibschrift schreiben

Kennt ihr unseren Buchstabenzug?
Nein, der ist nicht lang genug.
A steigt ein, groß und klein,
der Zug, der soll bald fertig sein.

(Melodie: Wer will fleißige Handwerker sehn)

A___ a___ B___ b___ C___ c___ D___ d___ E___ e___

F___ f___ G___ g___ H___ h___ I___ i___ J___ j___

K___ k___ L___ l___ M___ m___ N___ n___ O___ o___

P___ p___ Qu___ qu___ R___ r___ S___ s___ T___ t___

U___ u___ V___ v___ W___ w___ X___ x___ Y___ y___

Z___ z___ ß___ Ä___ ä___ Ö___ ö___ Ü___ ü___

Ich kenne die Farben des Regenbogens

Und den Verlauf der Jahreszeiten …

Es war eine Mutter, die hatte vier Kinder:
den Frühling, den Sommer, den Herbst und den Winter.
Der Frühling bringt Blumen,
der Sommer den Klee,
Der Herbst bringt die Trauben,
der Winter den Schnee.

Diese Monate kenne ich: _____

_____

_____

_____

_____

_____

_____

_____

Soll ich euch sagen, wie spät es ist?

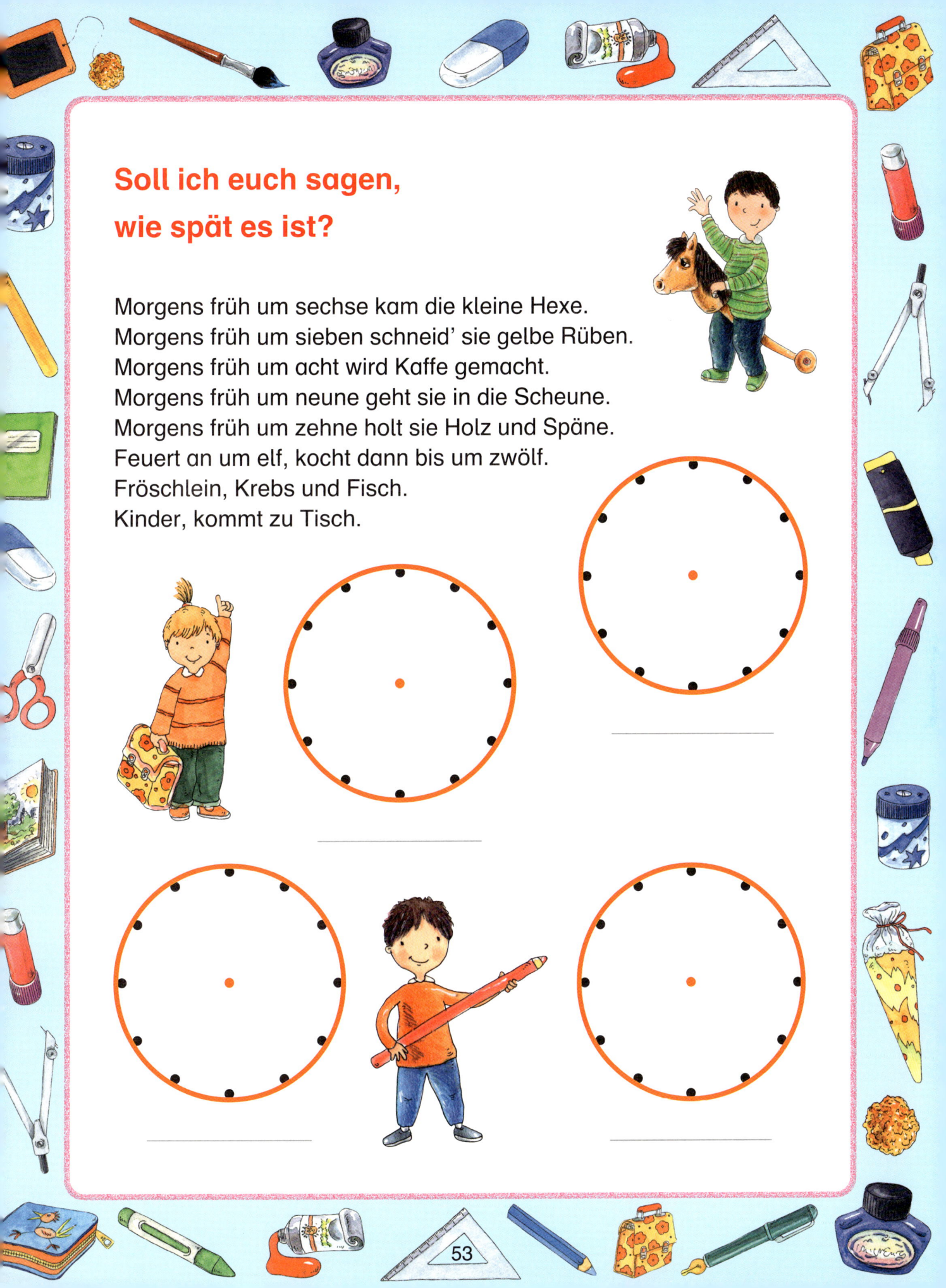

Morgens früh um sechse kam die kleine Hexe.
Morgens früh um sieben schneid' sie gelbe Rüben.
Morgens früh um acht wird Kaffe gemacht.
Morgens früh um neune geht sie in die Scheune.
Morgens früh um zehne holt sie Holz und Späne.
Feuert an um elf, kocht dann bis um zwölf.
Fröschlein, Krebs und Fisch.
Kinder, kommt zu Tisch.

Sport macht Spaß

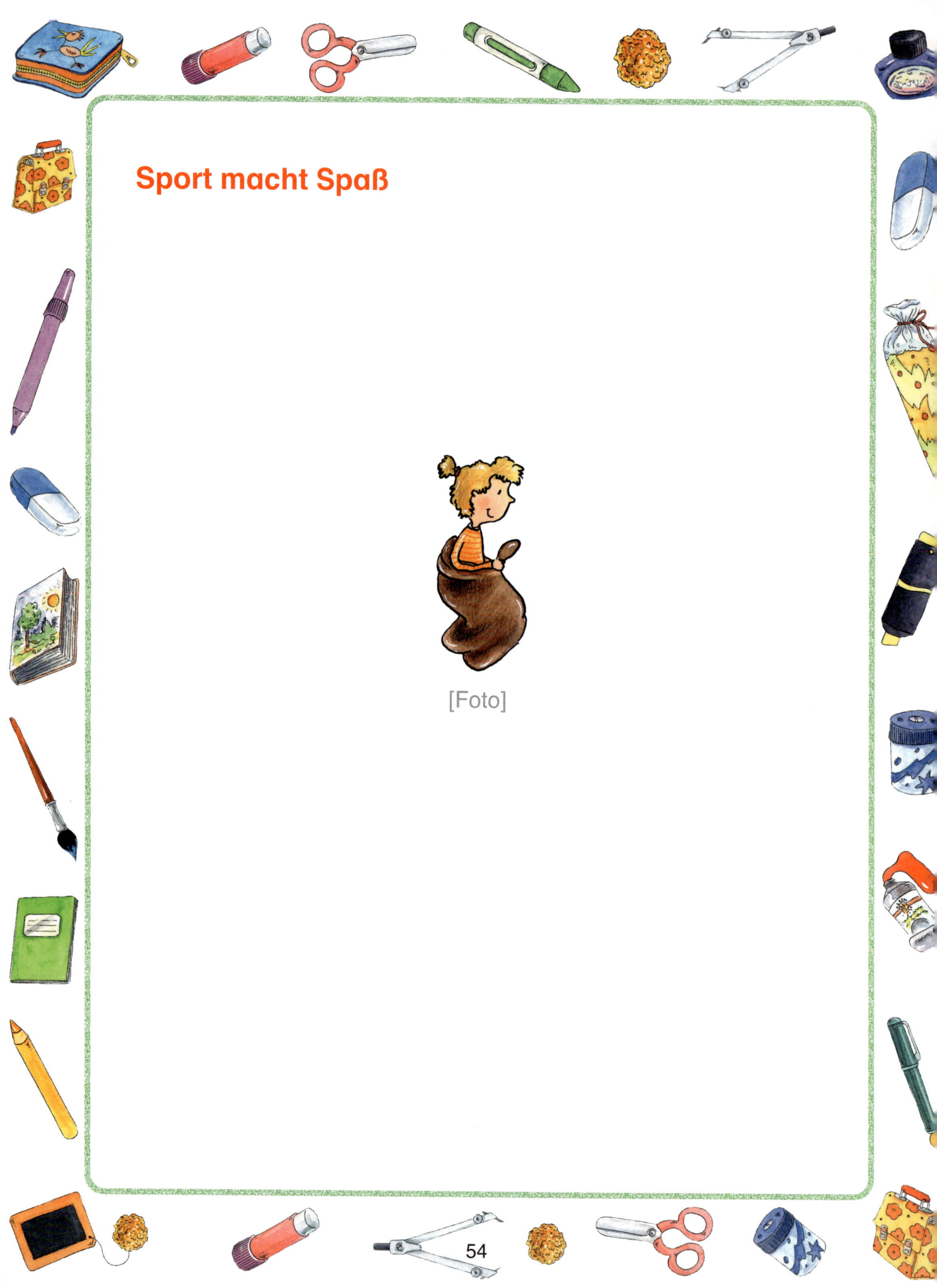

[Foto]

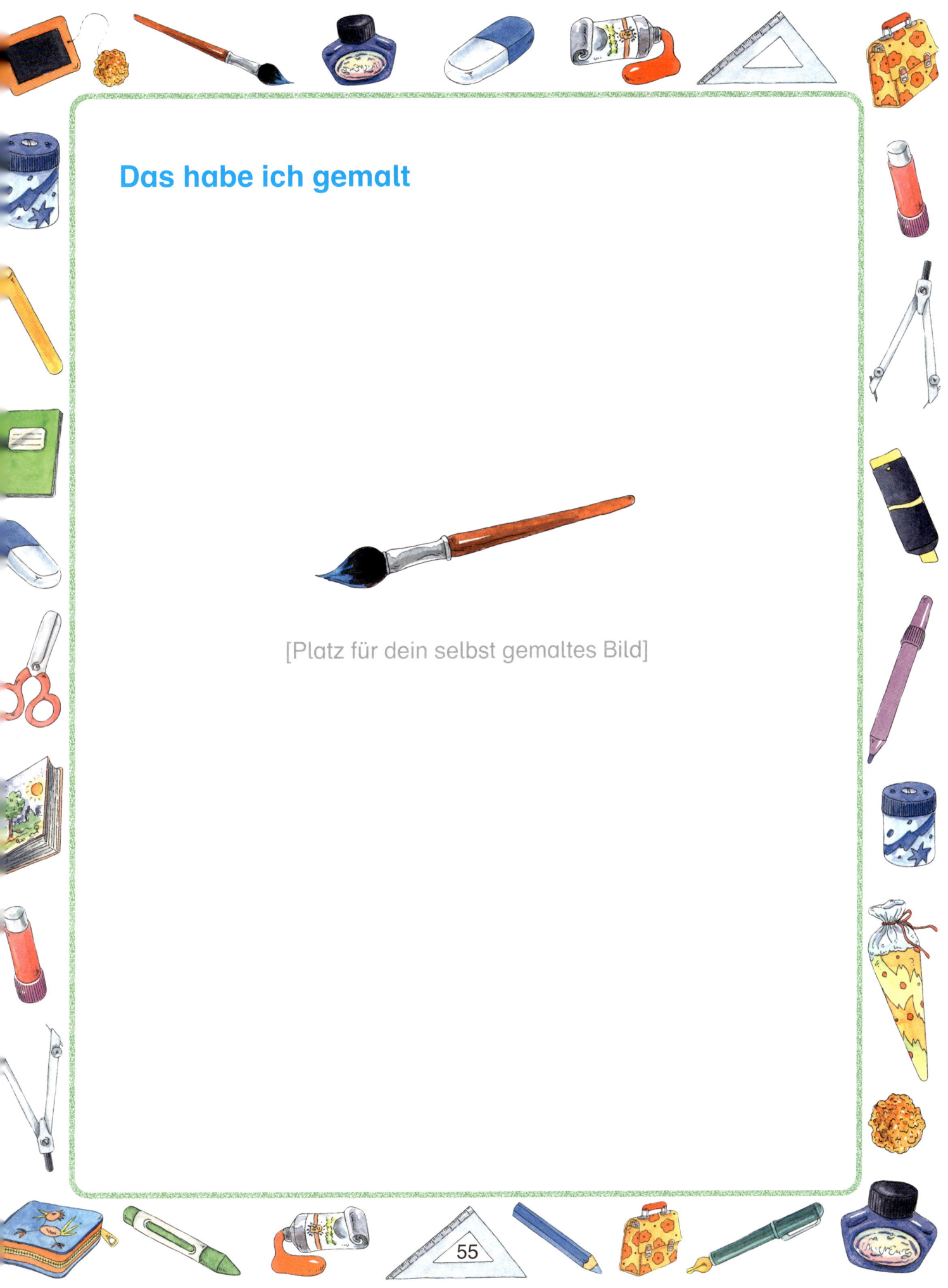

Das habe ich gemalt

[Platz für dein selbst gemaltes Bild]

Das habe ich gebastelt

Diese Dinge haben wir gebastelt: _____
_____
_____
_____
_____

Diese Lieder haben wir gesungen: _____
_____
_____
_____
_____

Mein Zeugnis

[Kopie deines Zeugnisses]

Endlich Sommerferien

Das habe ich in den Sommerferien gemacht: _____

_____

_____

_____

_____

[Fotos]

[Fotos]

Ich freue mich schon aufs nächste Schuljahr!

Meine beste Schulfreundin, mein bester Schulfreund

Der Name ist: _____

Der Geburtstag ist am: _____

Lieblingsfach: _____

Lieblingsfarbe: _____

Lieblingstier: _____

Lieblingspflanze: _____

Lieblingslied: _____

Lieblingsgeschichte: _____

Lieblingsspiel: _____

Lieblingsessen: _____

Hobby: _____
_____

Unser lustigstes Schulerlebnis: _____
_____
_____
_____
_____

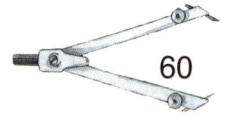

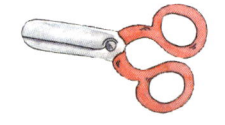

[Foto von dir mit deinem besten Freund/
deiner besten Freundin]

Das haben wir alles zusammen gemacht: _____
_____
_____
_____

Und so heißen meine weiteren Schulfreundinnen und -freunde:
_____
_____
_____
_____

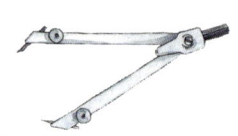

Meine Familie

Eltern, die mit den Kindern glücklich sind,
die sie haben, haben meistens Kinder,
die mit den Eltern glücklich sind, die sie haben.

Meine Mama heißt: _____

Sie hat Geburtstag am: _____

Ihre Lieblingsbeschäftigungen sind: _____
_____

Zum Muttertag schenke ich ihr: _____
_____

Mein Papa heißt: _____

Er hat Geburtstag am: _____

Seine Lieblingsbeschäftigungen sind: _____
_____

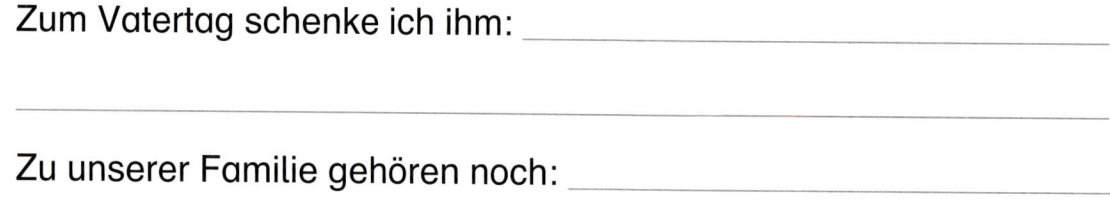

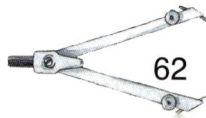

Zum Vatertag schenke ich ihm: _____
_____

Zu unserer Familie gehören noch: _____
_____
_____
_____

[Familienfoto]

Mein schönster Tag mit Mama und Papa: _____
_____
_____

Gute Wünsche von lieben Menschen

Es sollen nicht die Kinder den Eltern Schätze sammeln,
sondern die Eltern den Kindern.

2. Korinther 12,14